문학과지성 시인선 290

그 바람을 다 걸어야 한다

신용목 시집

문학과지성사에서 펴낸 신용목의 시집

아무 날의 도시(2012)
우연한 미래에 우리가 있어서(2024)

문학과지성 시인선 290
그 바람을 다 걸어야 한다

초판 1쇄 발행 2004년 7월 30일
초판 12쇄 발행 2025년 2월 14일

지 은 이 신용목
펴 낸 이 이광호
펴 낸 곳 ㈜문학과지성사
등록번호 제1993-000098호
주   소 04034 서울 마포구 잔다리로7길 18(서교동 377-20)
전   화 02)338-7224
팩   스 02)323-4180(편집)   02)338-7221(영업)
전자우편 moonji@moonji.com
홈페이지 www.moonji.com

ⓒ 신용목, 2004. Printed in Seoul, Korea

ISBN 89-320-1528-7 02810

이 책의 판권은 지은이와 ㈜문학과지성사에 있습니다.
양측의 서면 동의 없는 무단 전재 및 복제를 금합니다.

지은이는 2004년 한국문화예술위원회가 지원한 창작지원금을 수혜했습니다.

문학과지성 시인선 290

그 바람을 다 걸어야 한다

신용목

2004

시인의 말

별자리처럼 흩어져 계신 스승들과
풀씨처럼 어딘가를 떠돌고 있을 위아래 벗들,
늘 애잔한 눈빛을 보내는 가족으로부터 나온 이것들을
다시 그늘에게 돌려보낸다
어떤 이는 공원을 감옥처럼 여기며 살고
어떤 이는 감옥을 공원처럼 살고 있으니,
세상엔 안과 밖이 있는 게 아니라
마음에 놓인 욕망의 철창이 있을 뿐인지도 모른다.
그 욕망이 나를 그립게 하였으므로,
이것들은 거기에 가서 죽어야 하리라.

2004년 7월
신용목

그 바람을 다 걸어야 한다

차례

▨ 시인의 말

제1부

갈대 등본 / 11
소사 가는 길, 잠시 / 13
산수유꽃 / 14
봄 물가를 잠시 / 16
옥수수 대궁 속으로 / 18
다비식 / 19
우물 / 20
뒤꼍 / 22
오래 닫아둔 창 / 24
겨울 산사 / 26
거미줄 / 27
바람 농군 / 28
투명한 뼈 / 30
화분 / 32
낫자루 들고 저무는 하늘 / 34
나무 / 35

제2부
백운산 업고 가을 오다 / 39
아파트인 / 40
수렵도 / 42
성내동 옷수선집 유리문 안쪽 / 44
이슬람 사원 / 47
강물의 몸을 만지며 / 48
옛 염전 / 50
그 사내의 무덤 / 52
사과 고르는 밤 / 54
사하라 어딘가에 / 55
삼립빵 봉지 / 56
왕릉 곁 / 58
봄꿈 봄 꿈처럼 / 60
톱니바퀴 속에서 / 62
祭日 / 64
서해, 삼별초의 항로 / 65

제3부
구름 그림자 / 69
세상을 뒤집는 여자 / 70
지하철의 노인 / 72
바다 시장 / 74
낙엽 / 76
가을 들판의 노인 / 77

침묵은 길지 않았다 / 78
바람이 그 노래를 불렀다 / 80
바닷가 노인 / 82
낮달 보는 사람 / 83
쉴 때 / 84
만물수리상이 있는 동네 / 86
삼진정밀 / 88
여름 한낮 / 91
민들레 / 92

제4부

헛것을 보았네 / 95
화엄사 타종 / 96
섬진강 / 98
복권 한 장 젖는 저녁 / 99
범람 / 100
목련꽃 지는 자리 / 102
낯선 얼굴 / 104
삼 년 전 / 106
울고 있는 여자 / 108
첫눈 / 110
구덩이를 파고 있다 / 111
높은 항구 / 112
그 저녁이 지나간다 / 114
실상사에서의 편지 / 115

노을 만 평 / 116
시간이 나를 지나쳐 간다 / 117

▨ 해설 · 응시와 성찰 · 황광수 / 118

제1부

갈대 등본

　무너진 그늘이 건너가는 염부 너머 바람이 부리는 노복들이 있다
　언젠가는 소금이 雪山처럼 일어서던 들

　누추를 입고 저무는 갈대가 있다

　어느 가을 빈 둑을 걷다 나는 그들이 통증처럼 뱉어내는 새떼를 보았다 먼 허공에 부러진 촉 끝처럼 박혀 있었다

　휘어진 몸에다 화살을 걸고 싶은 날은 갔다 모든 謀議가 한 잎 석양빛을 거느렸으니

　바람에도 지층이 있다면 그들의 화석에는 저녁만이 남을 것이다

　내 각오는 세월의 추를 끄는 흔들림이 아니었다 초승의 낮달이 그리는 흉터처럼
　바람의 목청으로 울다 허리 꺾인 家長

아버지의 뼈 속에는 바람이 있다 나는 그 바람을 다 걸어야 한다

소사 가는 길, 잠시

시흥에서 소사 가는 길, 잠시
신호에 걸려 버스가 멈췄을 때

건너 다방 유리에 내 얼굴이 비쳤다

내 얼굴 속에서 손톱을 다듬는, 앳된 여자
머리 위엔 기원이 있고 그 위엔

한 줄 비행기 지나간 흔적

햇실이 비듬처럼 내리는 오후,
차창에도 다방 풍경이 비쳤을 터이니

나도 그녀의 얼굴 속에 앉아
마른 표정을 다듬고 있었을 것이다

그렇게 당신과 나는, 겹쳐져 있었다

머리 위로 바둑돌이 놓여지고 그 위로
비행기가 지나가는 줄도 모르고

산수유꽃

  데인 자리가 아물지 않는다
  시간이 저를 바람 속으로 돌려보내기 전 가끔은 돌이켜 아픈 자국 하나 남기고 가는 저 뜨거움
  물집은 몸에 가둔 시간임을 안다

  마당귀에 산수유꽃 피는 철도 독감이 잦아 옆구리에 화덕을 끼고 자다 나는 停年이 되어버렸다

  노비의 뜰에나 심었을 산수유나무
  면도날을 씹는 봄 햇살에 걸려 잔물집 노랗게 잡힐 적은 일없이 마루턱에 앉아 동통을 앓고 문서처럼 서러운 기억이 많다

  한 뜨거움의 때를 유배시키기 위해 몸이 키우는 물집 그 수맥을 짚고 산수유가 익는다고 비천하여 나는 어깨의 경사로 비탈을 만들고 물 흐르는 소리를 기다리다 늙은 것이다

  시간의 문장은 흉터이다 둑 위에서 묵은 편지를 태웠던 날은 귀에 걸려 찢어진 고무신처럼 질질 끌려다녔다

날아간 연기가 남은 재보다 무거웠던가
　사는 일은 산수유 꽃빛만큼 아득했으며

　나는 천한 만큼 흉터를 늘리며 왔고 데인 데마다 산수유 한 그루씩이 자랐다

봄 물가를 잠시

  봄 물가를 잠시 머뭇거렸는데
  햇살이 바지를 벗고 내려와 뿌려놓은 개나리 그 노란 숨의 입김이 드세 설사를 할 것 같다

  비나 내려야 고이는 못물에는 뱀이 물살이 되어 흐름을 만든다

  봄볕에 주름이 잡힌다 그림자가 방죽을 잘못 디뎌 꺾여진 것을
  언제부턴가 내 발목은 저 높이를 넘어서지 못한다

  깨금발의 아이가 뛰어간다
  외발로도 서는
  환한 얼굴의 망울짐

  지팡이의 노인이 걸어간다
  죽은 나무를 짚고
  남은 목숨의 꽃핌

  속이 불편하다 노란 꽃덤불 속에서 일제히 쏟아져나

온 눈망울들이 고여 있는 나를 쳐다본다

　내 머리 속엔 언제쯤 그 너비를 건너간 뱀이 알을 슬 었는지 거품처럼 허옇게 자라고 있다 너무 오래
　머뭇거렸다 저것들의 서식지가 되기까지

옥수수 대궁 속으로

 뒤안을 돌아보는 정오, 어머니 묻어둔 몇 점 곡알이 어느덧 옥수수로 처마의 키를 잽니다. 서성이던 마음이 시절을 타느라 고향의 한때 귀 나간 그림처럼 걸려 있는데, 구렁이도 참새도 떠난 이곳에 한낮의 볕이 내려와 순하게 덧칠을 합니다. 이 하루 한세월쯤 그저 보내도 좋을 곡식들, 흙 속에 무엇을 두고 와서, 몸 밖으로 쿡쿡 열매를 밀어내고 옥수수 늙은 수염을 몸뻬처럼 펄럭입니다. 그 펄럭임의 대궁 속, 대처를 돌아온 자식이 세월도 바람도 아닌 그 깊은 속을 보고 싶어 까칠한 마디 슬며시 쥐었을 때, 나는 그만 대궁마다 가득한 어둠에 빠져들고 말았습니다. 상을 차린 어머니가 마당까지 나서 때 잊은 막내를 불렀지만, 나는 이미 어머니 캄캄한 몸속에서, 간간이 늙은 음성이 어머니를 빠져나가 햇살에 머리를 받고 스러지는 것을 보았습니다

다비식

　바위 위에 바위보다 한 발은 더 바다로 나가 석양볕에 늙은 뼈를 태우는 해송을 본다

　서해 변산
　물 위에,
　하늘의 다비식

　가지 저 끝에서 타올랐으니 그래서 어두웠으니
　휘어진 허리 감고 사리 같은 달과 별 더러 나오리

　날마다, 그러나 파도 끝 붉게 짖는 때

　또 한 줄 바람을 긋고 갈라지는 채석강

우물

학미산 다녀온 뒤 내려놓지 못한 가시 하나가 발목 부근에 우물을 팠다
찌르면 심장까지 닿을 것 같은

사람에겐 어디를 찔러도 닿게 되는 아픔이 있다 사방 돋아난 가시는 그래서 언제나 중심을 향한다

조금만 건드려도 환해지는 아픔이 물컹한 숨을 여기까지 끌고 왔던가 서둘러 혀를 데인 홍단풍처럼 또한 둘레는 꽃잎처럼 붉다

헤집을 때마다 목구멍에 닿는 바닥
눈 없는 마음이 헤어 못 날 깊이로 자진하는 밤은 문자보다 밝다 발목으로는 설 수 없는 길

별은 아니나 별빛을 삼켰으므로 사람은 아니나 사랑을 가졌으므로
갈피 없는 산책이 까만 바람에 찔려

死火山 헛된 높이에서 방목되는 햇살 그 투명한 입술

이 들이켜는 분화구의 깊이처럼
　허술한 세월이 삭된 뼈를 씻는 우물

　온몸의 피가 회오리쳐 빨려드는 사방의 중심으로 잠결인 듯 파고드는 봄 얼마간
　내 아픔은 뜨겁던 것들의 목마름에 바쳐져 있었다

뒤꼍

　대나무밭을 끼고 도는 뒤꼍에 입구가 있어 여관 뒷문을 드나들듯 그곳엘 갔다
　댓잎에 가려 불안하게 흔들리던 쪽문 하나

　그 문 안에는 마른 댓잎을 두른 여자가 있다 그 바람 쓸리는 소리가 쌓여 그녀의 몸은 무거워졌다 그것이 고독한 인내였음을 안다

　그녀가 뒤꼍으로 간 것은 오래전이다 한 날 바람이 그녀를 쳐 기울어지자 더 이상 일어나질 못했다 그녀의 몸은 이미 죽음만큼 무거워졌으므로 대밭엔 어둠의 금줄이 쳐졌고
　새로 온 여자가 단 문패는 금테로 반짝였다

　어느 날 결심으로 나는 굵은 대나무를 잘라다 쪽문을 막아버렸다 좁쌀 한 줌 뿌려두고 참새를 기다리면 머잖아 그녀의 몸은 썩으리라

　새 여자가 새 집을 짓자고 철삿줄처럼 말했다 대밭이 허물어지는 것은 순서에 지나지 않았지만 대밭을 들이

치는 바람이 있었을 때

  썩은 것은 온통 주변이었고 그녀의 몸만이 성히 남아 있었다 죽은 후에도 그녀는 인내하고 있었던 것이다

  새 여자는 대밭을 비껴앉아 서러운 곡을 했고 나는 흔들리는 대나무를 보며 뒤꼍이 너무 넓다고 중얼거렸다

오래 닫아둔 창

 방도 때로는 무덤이어서 사람이 들어가 세월을 죽여 미라를 만든다

 골목을 세워 혼자 누운 방
 아침 해가 건너편 벽에 창문만 한 포스터를 붙여놓았다 환한 저 사각의 무늬를 건너

 세상을 안내하겠다는 것인가 아이들 뛰는 소리 웃음소리 아득히 노는 소리 그러나

 오로지 그녀를 통과하면서 나는 어른이 되었다
 그녀의 몸에 남은 지문에 검거되어 영원한 유배지에서 다시 부모가 되어야 한다

 몇 번의 바람이 문을 두드리고 지나갔지만
 햇살이 방바닥을 타고 다시 창을 빠져나갈 때까지, 나는 일어나질 못했다
 언제나 건널 수 없는 곳으로 열려 있는 추억처럼

 어떠한 발굴도 뒤늦은 일인 것을

낮에 뜨는 흰 달이 모든 무덤을 지고 망각을 향해 건너가는 캄캄한 세상의 내부에서

언제쯤 내가 만든 미라가 발견될지 모른다

창문 너머 불타는 가을 산,
그 계곡과 계곡 사이에 솥을 걸고 싶다 바람의 솥 안에 눈송이처럼 그득한 밥을 나의 잠은 다 비우리라

겨울 산사

 갈잎 같은 흔적이 눈 위에 찍히는 동안 명의 무게를 다는 길 뒤에서 나는 아버지의 얕은 발자국을 다시 딛고 있었습니다 아버지
 지상의 무게가 얼마 남지 않으셨군요 머잖아 날아오를 만큼 가벼워졌음을 이르시려고 묵묵한 겨울 적막도 저무는 산길 앞서며 숨차시고 그런 누안의 걸음을 산사는 산의 눈망울이 되어 오래도록 내려다보았는지도
 모르는 채 향내에 섞이는 어둠으로 산사에 들었습니다 날지 못해 굳어진 기와는 구름의 어디쯤에서 허리를 접고 이승을 버티느라 휘어진 기둥도 서서히 뿌리로 돌아가 아버지 지상에 지은 집 저 같아 행자승의 마중도 없는 마루에 앉아 지워진 산길 대중하고 계시는지요 하지만 어딘가 숨골처럼 군불 돌고 있을 저녁 마음의 고요가 절간의 고요를 지피고 마침내 산의 고요로 번져 희미한 능선 바람으로 사는 것을
 아버지 한마디 말도 없이 끄덕끄덕 처마 밑으로 들어가 한 줌 그림자가 되었습니다 염 없이 서성이던 나는 씨로 담겨 따로 놓인 나락 같았지만 이승의 끝인 듯 풍경소리가 그 몸 다 퍼내도록 아버지는 나오시질 않았습니다

거미줄

아무리 들여다봐도 저 지도를 읽을 수 없다

세월은 잠들면 九天에 가닿는다
그 잠을 깨우러 가는 길은 보이는 곳보다 보이지 않는 곳으로 더 많이 향하고
길 너머를 아는 자 남아 지도를 만든다

끌린 듯 멈춰 설 때가 있다
햇살 사방으로 번져 그 끝이 멀고, 걸음이 엉켜 뿌리가 마르듯 내 몸을 공중에 달아놓을 때
바람이 그곳에서 통째로 쓰러져도 나는
그 많은 길들을 뿌리치고 집으로 돌아왔다

도무지 저 지도를 읽을 수 없다
작은 것들 날아와 길 잃고 퍼덕일 때, 발이 긴 짐승
성큼 마지막 길을 가르쳐주는

나는 너무 큰 짐승으로 태어났다

바람 농군

날이 흐리면, 형은 온몸에 비를 업고 산길을 쏘다녔다

사태가 할퀸 서른의 골짜기

형의 농토는 바람밭이었다 경작이 시작되는 철마다 상처 입은 짐승의 뒷모습 울 위에 그려두고 바람을 가꾸러 산으로 갔다 머리카락이 유일한 연장처럼 뻗어 있었다

그런 날이면 어김없이, 산의 어깨를 짚고 선
나무들이 이파리마다 달고 있던 바람을 털어냈다 비의 사슬에 끌려 산의 이마가 열릴 때

형은 보이지 않는 것을 수확했으므로
산의 발치에는 소문이 돌고, 어머니 작두에 올린 짚단 힘주어 누르시는 정수리에 어둠이 비명처럼 찔려 있었다

넉 잠 깬 누에 뽕잎을 따다 바라본 형은 인가에 잘못 든 승냥이의 발을 가졌다─그 삽작을 지키며 크다 서

른이 차면, 내 발금도 피멍을 품고 검어질 것이었다

  바람이 비의 칼집을 잡고 서는 날마다 산으로 갔던,

  형은 사실
  농부였다

투명한 뼈

고생대가 데려가지 않은 은행나무 아래서 빗소리를 듣는다
버려진 그늘

비스듬히 지붕이 어둠을 내려놓을 때

가득 저녁을 베어 문 비의 입들이 바닥마다 아프게 토해놓는

저 울음의 뼈에는 까마귀의 발톱이 찍혀 있다

허물어진 구름 성벽
어느 왕조의 외곽이 촘촘한 구음으로 멸망하는가 어둠을 운구하는 구름의 발가락뼈

그러나 정작 재난은 창문 안에 있다 저 방들은
하나씩 우주가 버리고 간 빛 봉다리

담겨져 끊임없이 풍화하는 눈빛들의 아린 암각화

그러므로 어둠의 농도를 믿을 수 없다 버려진 풍경을 할퀴는
까마귀의 깃털처럼

가장 먼 이별에서 가까운 이별로 몸을 긋는
밤의 빗살무늬

몇 장 유적을 대신하여 떨어지는 고생대의 낱장들
아래서 비를 본다

각각이 아픈 생심 침엽도 오래 읺으면 더운 심장 은행잎인 것을
비는 창살이 되어 제 뼈를 내건다 저 어둠 까마귀

화분

어느 날 화분이 배달되었다

나에게도
땅이 생겼다 부드러운
흙, 나는
저기에 묻힐 것이다

화원 앞을 지나다 보면 유리창 너머
관짝들이 황홀하게 놓여 있다 아름다운 봉분처럼 자라는 나무들, 꽃들

스무 평의 적막에도 햇살과 바람이 흠모하듯 스며와
지금은 저기에 양란이 꽃을 피우고 등 구부린 시간이 신혼처럼 살고 있다

내 무덤은 향기로울 것이다
먼 나라의 춤을 푸는 나비처럼은 아니지만, 언젠가 꽃이 진 허공, 그 맑은 높이에 나는
내 영혼을 띄워둘 것이다

저 둥긂을 안고 기다리면 아프지 않게 늙을 수 있겠다
수치를 꽃대처럼 비우고 나면
　거친 그리움도 이제는 자연사할 수 있겠다, 있겠다

　어느 날,
　술 취한 발이 화분을 깨뜨리고 갔다

낫자루 들고 저무는 하늘

  저 산 산새나 내려앉을 골에 들어 아버지 낫을 놀리시네 달램도 없이 저무는 해 툭툭 나무들 꺾여지는 상처마다 어둠이 신음처럼 피어나는 것을
  나는 넓적바위 위에 앉아 바라보네 나무 속의 어둠과 나무 밖의 어둠 나른한 경계에 서는 검은 낫의 비림 갈라지는 바람의 능선에서 어미 없는 나방이 고치에서 풀려날 때 얼굴 없는 기다림아 나는 흔들리는 개망초 시름을 거두러 잃어버린 길로 내보낸 마음 무릎을 모으면 산그늘이 걸어와 볼을 비비고 가슴을 쓸어 저 먼저 엎드린 마을로 뚜벅뚜벅
  한 짐 굽이진 산길 어둠을 받쳐 내려오신 아버지 다시 구들을 지고 앓는 밤 나무들 돌아가듯 연기는 자꾸만 산으로 구부러지고

나무

 어쩌면 내 몸은
 나무에서 왔는지도 모른다 겨울 당산의 바람막 앞에 어머니
 켜두신 촛불 하나

 아름 둘레 따라 절벽을 치는
 저 불빛의 흔들림이 삼십 년 나를 세상에 현상하고 있는지도

 모른다 바람의 혀를 빌린 나무는
 마음을 깎고 가는 여사의 뒷모습 이디끼지를 들췄던 걸까

 바람과 불꽃이 몸을 섞는 경계, 흔들리는 영혼의 너비가 그려내는 쓸쓸한 춤사위

 어머니 손 모았을 높이에서 포개지는 바람으로 나이테 더 두르며
 세상에 둥근 여백 하나, 만드는 나무

가지 난 방향 한 곳이, 일생 동안 내가 바라보아야 할 곳인지도 모른다

제2부

백운산 업고 가을 오다

타는 가을 산, 백운 계곡 가는 여울의 찬 목소리
야트막한 중턱에 앉아 소 이루다

추분 벗듯 고요한 소에 낙엽 한 장 떠
지금, 파르르르 물 어깨 떨린다

물속으로 떨어진 하늘 한 귀가
붉은 잎을 구름 위로 띄운다

마음이 삭아 바람 더는 산 오르지 못한다
하부가 너무 높나 맑은 숨 고여

저 물, 오래전에 승천하고 싶었으나

아직 세상에 경사가 남아 백운산
흰 이마를 짚고 파르르르 떨림

아파트인

천 년 뒤에 이곳은 성지가 될 것이다
아파트
이 장엄한 유적에 눕기 위해
고된 노동과
아픈 멸시를 견뎠노라고
어느 후손은 수위실 앞에서 안내판을 읽을 것이다
관광 책자에 찍혀 있을 나의
유골을 구겨 쥐고
관리비 내러 갔던 관리소
종교인들이 층층이 잠들었다는 로마의 카타콤
성스럽게 북벽을 차지하고 걸린 사진처럼
하루는 아침 변기에 앉아
몇 미터 높이와 몇 미터 간격으로
차곡차곡 손을 늘어뜨리고 볼일을 보고 있을
아파트 주민들을 생각했다
박해의 축복처럼 뿌려지는 태양 가루
돌의 사막을 나서는 숫낙타의 갈라진 발톱과
마른 혓바닥을 닮은 여인의 얼굴
모래알을 씹는 아이들이 몸마다 칸칸이
멸망을 분양하고 사는 카타콤에 밤이 온다

구름과 구름 사이에 만찬이 차려지고
간곡함을 거룩함으로 옮겨놓는 시간의 낱장들이
창문마다 아름답게 내걸린다 이대로
한 시대가 끝난다면
나는 순교자가 될 것이다

수렵도

   참치횟집 주방장은 왕관보다 높은 모자를 썼다
   누구의 무덤에서 발굴된 풍속인가, 회벽의 그림 속 산수는 단풍 들지 않고 밤마다 나는 말굽에 쫓겨 산중을 헤매는 꿈에 자주 젖었다

   액자 속 장생하는 고대 왕의 어깨보다 천 년을 도망하는 짐승의 눈빛을 나는 더 많이 보았던 것이다

   세상의 왕은 빗물처럼 사라졌으나,
   모든 화살은 박물관으로 날아가고 초원의 말은 경마장을 달리고 있으나 왕의 옆구리, 칼날만은 남아 지금 도마 위를 걷고 있다

   도마 위의 발자국, 저 발겨진 살점들이 지난밤 내 꿈의 흔적이다
   식탁이여, 경건한 백색 조명 아래 널브러진 시신의 걸음 가지런히 목구멍의 장지로 보내는 주방장의 모자도 희지만

   강원도 깊은 덕장에서 하늘의 목 축여주며 입 벌려 마

지막 고함을 산천에 뿌리고 싶지 않은 생이 있던가, 저 도막 난 근육들이
  주름진 내장을 헤엄쳐 오늘 밤 내 꿈의 산중에 닿을지도 모른다

  왕의 말굽이 도마 위를 질주하는 참치횟집, 무너진 시대를 품고 있어도 무너지지 않는 회벽 반대편은 지금 빗물이 타흐를 것이다
  그 등허리로 수묵처럼 섞이는 어둠,

  누군가 피 흘리고 섰으니 아직 수렵은 끝나지 않겠다

성내동 옷수선집 유리문 안쪽

잉어의 등뼈처럼 휘어진
골목에선 햇살도 휜다 세월도 곱추가 되어
멀리 가기 어려웠기에
함석 담장 사이 낮은 유리
문을 단 바느질집이 앉아 있다
지구의 기울기가 햇살을 감고 떨어지는 저녁
간혹 아가씨들이 먼발치로
바라볼 때도 있었으나
유리 뒤의 어둠에 비춰 하얀
얼굴을 인화했을 뿐 모두가
종잇장이 되어 오르는 골목에서는
누구도 유리문 안을 궁금해하지 않았다
어쩌다 새로 산 바짓단에
다리를 세우기 위해 오래된
동화책 표지 같은 문고리를 당기면
늙은 아내는 없고
실밥을 뱉어내는 사내가 양서류의 눈으로
잠시 마중할 뿐 엄지와 검지로
길이를 말하면 못 들은 척
아가미를 벌렁거릴 뿐 이내

사람의 바늘코에 입질을 단련시키기 위해
드르르르 말줄임표 같은 박음질을 한다
재봉틀 위에 놓인 두 개의 지느러미
에서 꼿꼿하게 가늘어진 바늘
갈퀴를 확인하며
나오는 아무도 의심하지 않는
유리문 안엔 물결이 있다
부력을 가진 실밥이 떠다니고
실밥을 먹고사는 잉어가 숨어 있다
누구든 그 안에 들어서기 위해서는
삶의 겉길을 벗어 들고
물고기처럼 휘어져야 한다 때로 바람에
신문지가 날아와 두드린다
해도 그 문은 열리지 않는다 자주 세월을 들이면
잉어의 비늘이 마를 것이므로
틀니를 꽉 다물고 버티는 유리가 있다
젖은 바지를 찾아오는 날에는
부레에 잠겨 있던 강물 소리가 들리기도 했다
휘어진 골목 옆에 바느질집이 있다
성내동 사람들은 모두

종이처럼 얇아져 있었으므로
아무도 유리문 안을 들여다보지 않았지만
어항 속에 형광등이 휘어지듯이
그 앞을 지날 때마다
휘어지는 걸음을 어쩌지 못한다

이슬람 사원

 오후의 모든 빛이, 잠시, 여기에 눕는다. 잘못 든 길이 열어준 마지막을 나는 동굴의 끝을 밟듯 하얗게 조각나는 망막에 담아야 했다. 이 낯선 시간 속에 사막이 있고 강이 흘러 긴긴 모래바람을 지나 범람의 유적을 따라가면, 우주로 가고 싶은 종족이 살고 있어 육십 개의 손가락을 달고 낮 밤 없이 별을 셈해 유난히 눈자위가 희어진 사람들. 붉은 가죽을 두른 검은 영혼들 속에서 나는 사라센의 슬픔을 보았다. 살라트의 울림이 대리석 위를 미끄러질 때 뜻도 모르게 찍혀 있는 문자 속에서 내 이름을 읽고 휘청거렸다. 신이 지은 땅이 신이 가진 부력을 배반했으므로 결국 우주로 가지 못한 지들, 오십 개의 손가락을 잘리고 남은 열 개로 기둥을 세웠다. 이 오랜 엎드림이 있는 한 범람은 강의 수위를 벗어나지 못했으며, 바람은 사막으로부터 자유롭지 않았으므로 사원은 수많은 손가락을 묻었으리라. 여전히 눈자위가 희어, 잘못 든 길에는 늑골을 펴서 닿고 싶은 욕망이 숨어 있다. 다만 야윈 종족을 휘감고 종소리 우주를 넓혀갈 때 나는 낯선 문자 앞에서 열 개의 손가락을 펼쳐보았다. 빛의 몸체를 닮은, 저 기둥으로 인해, 땅의 공기가 가벼워지고 우주는 저토록 멀리 있었다.

강물의 몸을 만지며

그만큼의 부질없음을 받아들인다.
물살 여린 강에는
하루내 산 그림자가 스며 흘렀고
가으내 낙엽이 몸을 뉘었다.
소리 없이 깊어지는 세상의 수평 위로
비늘 돋는 저녁.
누군가의 얼굴을 떠올리려다 지친 낚시꾼들은
휴일의 여유를 배낭 속에 챙겨 넣고 하나 둘
뒤꿈치를 감추려 애를 썼다.
얼굴 흰 가시내가 있어 사랑했었다.
한없이 게을러지고 싶은 걸음
노을처럼 붉히며 일어났을 때,
기억의 어두운 하늘마다 빛나는 별들
강의 깊이를 가늠하고 있었다.
산주름 주름을 다 돌아내리고도
채우지 못한 것이 많아 강물은
모두에게 가장 깊은 곳을 허락했다.
허리를 굽혀 손을 씻는 남자의 등줄기처럼
많은 것들을 떠나보내고 나면
쉽게 휘어져 돌아설 수도 있는 것일까.

사랑했던 가시내는 얼굴이 희어
물 고인 손금 속으로 가라앉았다.
나무 그늘을 포갠 산그늘 짙어지고
땅 위 모든 그늘을 포개어오는 어둠,
모두들 뒷모습을 적시며 떠나고
바람만이 색 잃은 물 위에
지네의 발자국을 남겼다.
그렇게 부질없이 안아온 많은 계절을
단 한 번 제 몸에 가두지 못하고
겨울이면 얼어붙고 말,
강물엔
저녁내 노을이 발을 담갔고
한밤내 별들이 막대처럼 꽂힐 것이다

옛 염전

주인은 가고
염부만 남았다 염밭에 말라 죽은
대낮

어디
먼
둑이었던가
무심히 강물에 빠뜨린 상심의 얼굴이
흘러 섬 어귀쯤 떠돌다

여기에 고여
구름이 되어갈 때,

주인은
화장의 뼛가루처럼 남아 빛나는
그 상처들
말없이 담았으리니

거품 묻은 손으로
종일토록 풀어헤친 바람을 감기는

갈대

주인은 가고
주인과 함께 시절도 가고

새로 그은 해안선 무릎을 따라가며
절룩이는 바다가
유언처럼 갈겨써놓은,
대낮

그 사내의 무덤

합정동 시장 골목 곱창집 문 안에서
사내는 술에 취하고
오래 숨을 참듯 먹먹한
대기

여기서 눈 내리면
풀풀 다리 저는 바람 타고
눈 내리면
저 가슴속 뜨거움 모조리 쏟아내는 사내로 인해
사람들 동상 없이 집으로 돌아가리
돌아가 지나온 길 모두 지우리

추위는 길 가는 이의 발밑에서 뒹구는데
장단도 없이 이어지는 취객의 노랫말들

합정동 시장 골목
곱창집 통유리에 성에가 오고
주름이 피망 같은 손이 쓰윽
지난날을 닦아
나이 든 가축의 두 눈 유리에 달아놓을 때

싸늘한 봉분으로 무너지는
사내의 등줄기를

저 자리라면
쉽게 열리는 문을 지나
사람들의 길 한 모퉁이
반듯하게 두 발 올려두어도 아무도 모를 것을
술과 술잔과 술병의 그 어디쯤
올 나간 삶을 매어두고
세월을 흥정하지 않아도 좋을 것을

흔들려야 살 수 있는 시계추가 되어
마침내 사내는 문을 나서고

너무 일찍 식어버린 사내여
어느 야산 풍수도 없이 그대가 묻힐 곳에는
날아갈 듯 서 있는 나무 눈 속에서도
검은 흙 움켜쥐고 그 뿌리 뜨거우리니
아직 그대의 몸
그 뿌리 상하게 해서는 안 되리니

사과 고르는 밤

희디흰 손으로
사과를 고르는 여자 오늘 밤
아이를 가지리
사과 속살 같은 애가 서리

청과물상회 앞에 놓인 과일들을
백열등 흰 깃털이 내려와 품어주고 있다
품어 늦도록 부화하고 있다

벽에 세워진 리어카 허연
배를 드러내고
헛되이 돌려보는 바퀴처럼

겨울밤 언뜻 눈에 들어온 청과물상회 앞에
그만그만한 무게로 놓여 있다

제 몸으로 무덤을 삼는 영혼들이
무덤을 껴입고 태어나는 아이들이

사하라 어딘가에

  사하라의 모래가 비워둔 곳에 보르노족이 산다. 가장 뜨거운 달이 뜨는 하루를, 남자는 춤을 추고 여자는 관객이다. 아름다운 눈과 가지런한 이빨을 지닌 사내만이 회칠의 아낙 손에 이끌려 덤불 속으로 사라지는, 그곳의 춤은 빛나는 눈과 단단한 이빨들로 넘쳐난다. 소들이 풀을 찾아 인간을 끌고 다니는 그곳에서, 낙타는 파멸이다. 사막을 건너려던 사람들의 뼈모래 능선처럼 높고 보르노의 하늘은 보르노의 태양만을 돌린다. 일찍이 나를 떠난 애인들이 가슴을 출렁이며 남자를 고르는, 그곳은 오래전에 내가 버림받은 곳이다. 일생을 쫓아가도 실연 밖에 남지 않는다. 날마다 사하라가 넓어지는 이유가 보르노족의 춤에는 있다. 추악한 눈과 욕망의 이빨로는 닿을 수 없는 땅이 있어, 지구의 달이 마지막으로 뜨거워지고 멀리서 소떼가 모래산을 지피고 가는 태양의 꼬리를 질근질근 씹는다.

삼립빵 봉지

　마주 선 붉은 등 사이로
　차들이 허공을 긁으며 지나갈 때, 나는 가야 할 곳을 기억하고 있었다 군중 앞에서
　정차하고 떠나는 바람들

　길바닥에 남아 있는 구름의 무늬
　바퀴로 구르는 직렬의 도시 속으로 무용수의 옷깃처럼, 날리는
　삼립빵 봉지
　찢어진 몰골로 또 무엇을 포장할 수 있을 겐가

　알맹이를 삼킴으로써 스스로 껍질이 된
　사람들, 껍질을 버림으로써 무수한 껍질들과 동거하는 사람들이
　허공에 달아놓은 둥근 머리
　도시를 굴러가는 찢어진 폐타이어

　차들이 뽑아내는 허공의 빈 국숫발
　허기진 높이에서 푸른 등이 켜질 때, 나는 가야 할 곳을 기억하고 있었다 바람을 지르는

횡단보도 하얀 선을 밟으면
　끝없는 계단, 바다 속으로 내려가는 사람들, 삼립빵 봉지

왕릉 곁

십자가와 옥탑 사이로 벌겋게 떨어지는
둥근 해, 중세의 비밀을 덮어주고 있다

머리를 늘이고 앉은 처녀의 가슴에도
봉긋한 비밀이 담겨 있다, 덮지 않으면 불온해지는

건너 밥집 식탁은 둥글다 삽질하듯 순가락이
메워지지 않는 입속으로 밥을 던진다

채찍 자국처럼 길게 뻗은 철로를
끊임없이 움켜쥐는 바퀴들,

둥근 것들은 떠난 뒤에도
떠난 자리를 벗어나지 못한다

감당하지 못할 사랑을 덮어주는 것은 이별이다
둥글게 떨어지는 눈물이다

도굴로는 짐작할 수 없는 깊이가 있다
둥근 봉분이 뜨겁게 안고 있는, 묵은 시간

파도 파도 흙뿐인 이 지상의 비밀을
덮으며, 하루가 제 일을 마감한다

봄꿈 봄 꿈처럼

  보도블록 밟으며 간다 또각또각 마른 소리 이대도록 적요로운 날을 저리도 한 무늬로 먼 길 갈 수 있는가 하고
  이 무늬 끝나는 곳 벼랑도 좋을 곳에 이르러 어느새 백발 성성히 바람 곁 두고 늙음을 끄덕일 수도 있는가 하고

  春夢처럼 가는 길도 햇살을 발라내는 나뭇잎은 있는 것이어서 바람 앉은 가지를 보는 순한 마음도 있는 것이어서
  망연히 어디랄 것도 없이 弱骨의 시력을 던져보는데

  나 한때는
  저 산을 다 안아보고 싶었네 저 능선에 소나무야 못 오른 하늘에 멍든 슬픔인 셈 치더라도
  저 산을 다 안아 저 산으로 바라보면
  연기 오르는 마을에 저녁도 깊고
  저녁보다 깊어버린 이들에겐 고운 흙도 내어주며
  살아서도 가면서도 묵묵하고 싶었네 저 골에 물줄기야 두고 온 마을에 닿는 아픔인 셈 치더라도

언제랄 것도 없는 强骨의 한때가 망연한데
 하루하루 거푸집을 한 방울도 벗어나지 못한 주물로 흘러온 걸음 또각또각 보도블록 무늬 위에 소금으로 뿌리며 간다
 이 길 마저 가 편한 잠도 있는가 하고

 春夢처럼 봄 꿈처럼

톱니바퀴 속에서

 석 달 만에 찾아간 집, 호통 대신 앞서신 아버지 뒤를 디딘 선산에서 나는 알았네
 맞물린 톱니의 바퀴는 반대로 돈다는 것을

 산이 한 숨 시름도 없이 거기 서 있어
 달려온 만큼 또, 바퀴는 제 힘껏 세상을 길 반대편으로 밀어놓았을 것이다

 이끼맡에 비석 하나 세워놓고 무덤은 그림자를 빙빙 돌리고
 아닌 듯 눈물을 끌고 간 아버지 허방처럼 벌 밖에다 불 한 모닥 피워올려

 덧없는 더움이 있어 끝없이 흩어지는 한 줄
 연기를 버리기 위해 시린 숨 몰아쉬는 저 능선 예순둘을 돌았어도 으스러지지 않는

 선산에서 나는 알았네, 맞물린 生은 제 몸 한 바퀴 다 돈 뒤에야 다시 만난다는 것을
 할아버지의 굳은 바퀴 등에다 지고 아버지는 마른 잎

을 던져 넣고

  바람이 연기의 옷을 벗기는 등성이에 나는 불거진 톱
니 하나로 서 있었다
  손등에서 막 녹으려는 순간의 눈송이처럼

祭日

  세월을 묶어놓은 달력의 동그라미, 이날을 지나가다 달빛도 상하리라 모든 자식의 죄는 아비를 배신하지 못했다는 것 살아 많은 날들이 죽어 하루로 남듯 祭主는 이제 늙고 진설은 눈부시다 한 생애 내리고 쏟던 물길이 상 위에 묽은 술로 앉았으니, 아이가 자라 절을 배우는 것처럼 엎드린 머리 위로 향내가 스러지는 것처럼 모든 儀式이 시절을 용서했을 때 조상을 모셔 나는 삽작 밖에 나가 紙榜을 불살랐다 故人의 뒷길이 바람종이 숯으로 타오르는 높이에서 새들은 둥지를 가볍게 하지만, 검은 나무 위 까치집으로나 남을 이승의 일들이 몸의 비탈로 미끄러져, 마음을 문틈처럼 비껴두었다 배부른 짐승처럼 붉은 달이 간다 음복에 취함은 구름 낀 저녁에나 풀어놓을 일, 남쪽을 베고 자거라, 그래서 나에게 북쪽은 멀고 가난하게 죽은 조상의 믿음은 밥숟갈처럼 가까웠다

서해, 삼별초의 항로

 바람도 여기에선 소금기를 버린다 잊을 수 없을 만큼의 염분이 밴 실패한 사랑의 증거들이 운해로 피어나는 서쪽 하늘 그칠 줄 모르는 이 오랜 정박의 짠 거품을 씻어내려고 하루보다 먼저 검어지는 갯벌 낮게 찍으려 애쓰는 발자국 이리저리 옮겨보지만 붉은 눈자위가 내내 바람처럼 따라다녔다 떠나야 할 것들도 저기를 넘지 못했다 수평선 위에서 외줄을 타며 비늘처럼 반짝였을 뿐 바람도 썰물 근처에서 넘어지고 바다는 다른 색들로 인해 맑지 못했다 수평선을 두 번 꺾어 향하던 먼 항해 지친 구름들이 눈꺼풀처럼 모로 누웠다 닻은 여인의 옷고름에 매이지는 슬픔이었노라고 끄덕이기엔 우리의 삶은 얼마나 변절의 편에 가까웠던가 이만큼에서 노 젓는 겨울과 차라리 출항하고픈 포구의 물비린내 그을리는 갯벌에 발목 심으며 본 일 있는가 지면서도 감아버릴 수 없는 눈동자 바람이 소금같이 굳어지는 저녁을

제3부

구름 그림자

태양이 밤낮 없이 작열한다 해도
바닥이 없으면 생기지 않았을 그림자

초봄 비린 구름이 우금치 한낮을 훑어간다

가죽을 얻지 못해 몸이 자유로운 저 구름
몸을 얻지 못해 영혼이 자유로운 그림자

해방을 포기한 시대의 쓸쓸한 밥때가

사랑을 포기한 사람의 눈으로 들어온다

세상을 뒤집는 여자

아침마다 세상을 뒤집는
여자가 있다 목장갑에 기름보다
콧물 더 많이 묻고
바람이 붉은 포장을 건드리면
얼룩으로 이력을 쓰는 앞치마 한 장
먼저 달려가 펄럭인다
오른쪽 문짝이 삐걱거리는 트럭으로
반죽을 실어다놓은
여자의 사내는 골목 어귀에서
담배 한 대 다 태우고 돌아가고
뒤집을 때마다 튀어 오르는 기름방울은
마을버스가 닿지 않는 동네 엄마
없이 밥을 먹는 아이
얼굴에 주근깨 자국으로 번진다
날마다 남은 잠을 끌고 온 사람들은 말없이
가스불을 바라본다 거리를 채질하는 바람
두 볼을 스쳐
가도 세상을 벼르본 날
하루도 없다 그저 제향 같은 연기 더러 오르고
여자의 가난으로 구운

손바닥만 한 세상을 받아든 사람들은
기름방울처럼 길 위로 스며들었다
지하철 공사가 시작되고
버스 노선이 바뀔 즈음
겨울과 함께 그녀는 사라졌다 사람들은
아무도 그녀의 얼굴을 떠올리지 않았지만
빈 내장의 기억
만은 그녀가 있던 자리에 붙어
풍선껌처럼 늘어났다
우연히 버스를 기다리다
그녀가 서 있던 자리까지 밀려간 적이 있다
아침마다 그녀가 보았던 세상이
이삿짐처럼 눈앞에 부려지고 잠시
붉은 포장이 잡힐 듯
펄럭였다 뒤집어도 익지 않는
겨울을 뒤집느라 아침마다 혼자
뒤집히던 그녀
기름방울 속에 누렇게 떠 있었다

지하철의 노인

일생을 눈 감고 살아온 사람이
내 앞을 지나간다.
그 지팡이 위태로워
잡아주고 싶지만
이미 더는 내려가지 않을 만큼
단단하게 바닥에 닿아 있었다.
보이는 것
너머를
보고 싶어
안으로 깊어졌을
눈, 작은 몸 어디에서 녹아
풍금 소리를 만드는지
그가 지날 때마다 노랫소리 떨어져
지팡이가 눌러놓은 자리를 동그랗게 메우고 있었다.
계단을 오를 때나
구릉을 지날 때도
나는 발끝을 보지 않았다.
가야 할 곳은 언제나 멀리 있어
내 속에 노래를 키우지 못했다.
폭 크게 서둘던 내 걸음 잠시

찬송가 밑에 세워둘 때
앞발의 뒤꿈치가
뒷발의 앞코를 넘지 않으며
나아가는 풍금의 건반이 희다.
문득, 세상의 빛이 사라져
모두가 비명을 쏟으며 발을 섞어도
노인은 홀로 유유히
집으로 돌아갈 것이다.
보이는 것
너머를 보면서
노인이 지니간다.
사람들은 비명을 안고 잠들어 있다.

바다 시장

바다 시장에서는 바다를
팔지 않는다 밀물처럼 드는 사람들이
저마다 죽음을 흥정하는
그곳에는 살아 있는 것이 없다 아직
마르지 않은 바다를 담고
눈깔들은 쌓여 있다 벌렁이는 아가미는
죽음을 위한 마지막 유혹 다만
한 마리 상어만이
살아 좌판 사이를 헤엄쳐 다닌다
길게 잘라 엮어댄 튜브가
비늘 대신 하반신을 감싸고
플라스틱 바구니 하나 지느러미처럼 달려 있다
수초 같은 다리들 사이를 힘겹게
기어가는 형상이지만
간혹 던져지는 거스름돈을 먹고사는
상어는 유일하게 그곳을 바다로 만든다
파도처럼 높은 이문으로도
바다 시장에서는 상어를 살 수 없다
그가 사라지면 아무도 그곳을
바다라고 부르지 않을 것이기 때문이다

그에게는 너무 넓은 해협을 가르며
파장의 달이 뜨고
썰물처럼 사람들 빠져나간 자리에
상어만이 외로운 저녁을 건너고 있다
그가 잃어버린 다리처럼
바다는 수조 속에서 출렁이고 있다

낙엽

바람이 피 흘리고 간 자리마다 낙엽
떨어져 있다 그 살점들 바라보는 것만으로
상처가 덧나는 곳에 노인이 앉아 있다

온몸에 흉터를 달고 저렇게 잠들 수 있다니!

여기서 머물면
자주 얇아지는 버릇도 병이 되어 바삭,
마른 소리를 내며 쓸려갔다가
돌아오지 못할 것이다

노인은 잠들어
바람에게 체온을 나누어준다
상처가 빨갛게 말라 바람의 이빨이 환하다
그 마지막 공양으로
오늘도 눈 내리지 않으리

노인이 안고 잠든 지팡이가 잎맥처럼 검다

가을 들판의 노인

어느 맥없는 손이
가까스로 널어놓고 간

아무도 걸어가지 않는

저 허공에 진 주름만큼
고개를 끄덕이는, 갈대꽃

침묵은 길지 않았다

그녀는 너무 멀리 왔다
돌아갈 수 없다
바퀴의 제단에 뿌려진 붉은 피!
아스팔트가 성스럽게 받아내고 있다 살갗 속에
단단히 묶여 있던 슬픔이 흩어져 환호성치고 있다
이른 아침, 그녀를 처음 목격한 사람은
당황하여 비명을 질렀다고 한다
성단의 첫 참배자였던 자신의 손에 쓰레기봉투가 들려 있었기 때문이다
서둘러 의식이 시작되고
경광등 불빛이 사방으로 퍼져나가자
사람들은 잠시 경의를 표했다
그들이 지닌 마지막 습성이 그들을 그 자리에 서 있게 했다
얼마 후, 군중을 헤치고 한 남자가 나타났다
한눈에도 그가 갑작스런 의식의 제사장임을 알 수 있었지만
그는 너무 늦게 왔다
그녀는 멀리 갔고
쫓아가기엔 변심의 거리가 너무 멀었다

하지만 그가 주저앉아 입을 열었을 때 세상의 모든 소리가
순식간에 사라졌다, 그가 내는 소리는
몸속에 키웠던 욕정이 허물어지면서 나는 소리였기 때문이다
그녀를 향한 마지막 발기처럼 붉게 부푼 얼굴이
그것을 증명하고 있었다 시간의 빈 수레가
원을 그리며 돌고, 우주의 한 골짜기가 그렇게 무너졌지만
침묵은 길지 않았다
바퀴들은 다시 소리를 내며 구르기 시작했고
불안한 사람들은 또 다른 성단을 찾아 떠났다

바람이 그 노래를 불렀다

오래된 숫자를 물린
동네 변두리 길가 번지에
네온도 없는 PVC상 간판이 걸려 있다
숨바꼭질하던 유년이 머물곤 하던 그 집
뒤뜰엔 멀리 갈 수압을 기다리는
파이프들 월 오만 원이 싼 내 방
창문을 바라보며 크기에 맞춰
나란히 누워 있었다
소음을 피해 온 고양이들이
은밀하게 교미를 하던 그곳에
키 작은 설비공이 파이프를 내가고
다시 파이프를 쌓고 여름내 나의 창으로
가사 모를 휘파람을 날려 보냈다
비가 오면 깊은 창자를 열어
바람을 가두고 바람을 타고 온 나방
들이 성긴 그물을 짜기도 하며 낮잠 잦던
내 꿈 밖을 휘파람으로 채우던 여름
장마가 설잠처럼 물러난 아침
휘파람을 부는 대신 젊은 설비공은
파이프 옆에 가늘게 누워

작은 키를 맞추고 있었다 비가
오는 동안 멀리 갈 수압이 먼저
그의 몸을 통과했는지
매끄럽게 굳은 채 어디론가 실려 갔다
그가 부르던 휘파람의 알지 못할
가사처럼 알 수 없는 소문이
유년 대신 모여들어 숨바꼭질을 했다
새끼 밴 고양이가 어둡게 지나가는
파이프 더미의 견고함 위로
비가 내리고 비가
올 때마다 파이프들이 둥근 입술을 열고
바람을 풀어 휘파람을 불었다
가는 음정이 내 방 창에 그물을 짤 때
나는 오만 원을 생각하며 짐을 꾸렸다
새 학기가 끝나기 전이었다

바닷가 노인

할멈의 머리를 감겨주다 한 손 가득 미역을 건져 올렸다

변산 모항서 휴가를 보내던 이틀째 날이었다

두 칸들이 민박을 치는 할멈 거품같이 숨이 가빠 가만 어깨를 잡아준 것인데
검버섯 목을 긋는 주름에 파도가 살아 뼈마디 암초처럼 만져졌다

죄다 멀리 갔다던 서방들 어디에 수장되었는가 할멈의 몸
해초가 나고 석화가 피고
오래 바라본 곳에 수평선이 있다

물때에 바람이 담을 쌓는 마당에 할멈이 미역을 말렸다 머리에 남겨지는 파도의 무늬를 보다

민박의 밤 내내 파선이 되어 가라앉았다

부레처럼 달이 떠오르고 있었다

낯달 보는 사람

기계 소리가 돌리는 봄날의 공장 뜰
황갈색 모자에 고개 눌린 노인이

담배 한 대 물고 나와 낯달을 본다

자신의 해골을 너무 자주 들여다본 사람

피워 올리는 족족 담배 연기는
낯달이 된다

새가 하늘을 가위질하며 간다

쉴 때

놀이터
플라타너스
잎
노인의 등 뒤로 떨어진다
물끄러미 등 가려운 노인도
쉴 때,
붉은 모자를 쓴 공공 근로자들
짚으로 밑동을 싸고
노인은 갈색 스웨터를 여민다
노동은 끝났다 지나온 계절
멍들도록 하늘을 받치고 있던
나무의 손바닥들도
이제는 쉴 때,
공공 근로자들이 돌아가고
붉은 모자가 닦아놓고 간 길
붉은 잎들이 머리올처럼 흘러내린다
허리를 펴고
나무가 입은 둥근 스웨터에 기대는
구부러진 스웨터
아이를 지울 때처럼 햇살이 몽롱하다

노인의 손이 나무의 손을 잡는다
마른 손끼리 힘을 주며
빠진 이로 웃는다 떨어지는 잎처럼
입술이 바삭거린다

만물수리상이 있는 동네

  버스 정류장 옆 만물수리상은 찢어진 고막처럼 유리가 깨어져 있다
  손님이 들지 않는 낡은 소파에 앉아
  귀 먼 주인은 언제나 고장난 라디오처럼 잠들어 있었다
  한 날 그 앞을 지나다 나는
  건너편 건물의 날에 목을 베인 해가
  유리창에 걸려 찢어진 채 주인의 얼굴에 비치는 것을 보았다
  늙은 얼굴 위에서 바늘에 자주 찔리던 저녁 해,
  그는 이마의 주름을 한 올 한 올 풀어내 찢어진 햇살을 소리 없이 기워내고 있었다
  손님이 들지 않아 유리를 갈 수 없었던,
  —햇살을 깁기 위해 잠들고 잠들기 위해 귀가 먼 만물수리상 주인의 노동이여!
  버스 정류장 옆에서 저녁이 상처를 여미고
  흉터처럼 노을을 남기고 사라져갈 때
  주인도 팽팽해진 얼굴을 하고 골목의 허리에 몸을 감았다

골목 어딘가 다 써버린 주름을 다시 채워줄 그의 집
주름살을 도매하는 집들이 노을 속에서 귀 멀고 있었다

삼진정밀

고래는 죽었다 튼튼한
이빨 사이로 한 줌씩 어둠이 흘러나온다
숨 쉴 때마다 뿜어내던 검은 연기가
제 속을 채운 것이다
십 년 전,
이곳은 수풀의 바다였다
바람이 끌고 가던 물결을 거슬러
등 검은 고래가 엎드리자
사람들은 일제히 고래의 입
속으로 들어갔다가
한꺼번에 몰려나왔고
그때마다 하루씩 시간이 흘렀다
한 마리 고래가 바다 위에 마을을 일으키고
밥집을 만들고 캐러멜을 파는
포리 상회를 지었다
수풀의 물결은
지느러미에 걸려 넘어지기 시작했고
달력의 숫자만큼 그 속을 드나들던 사람들
붉은 기침 속에 패여갔다
몇 년 뒤,

고래의 아가미가 텔레비전 속으로 지나갔다
소문이 폐수처럼 바다를 적셨고
거짓말처럼 고래는 눈을 감았다
진열대에서 캐러멜은 녹아 내렸고
밥집의 연기는 사라졌으며
야윈 사람들은 몸집보다 큰 짐을 이고
해 지는 마을을 느리게 벗어났다
허연 배의 고래만이 무인도처럼 둥둥 떠서
수풀 위를 흘러 다녔다 누구도
주소를 남기지 않았다 가끔 빚쟁이들이
먼지를 탐문했으나
헝겊처럼 무너질 줄 아는 먼지는
끝내 입을 열지 않았다
물결을 막고 들어선 고래의 역사는
제 뱃속의 어둠과 연결된 공정을 지녔다
다만 먼지에 뿌리를 꽂는 이끼가
고래의 내장을 걸어간 사람들을
파랗게 기억할 때, 어둠은
오랫동안 자살을 꿈꾸었는지도
모른다 벼린 틈으로

칼날처럼 꽂혀 있는,
햇살

여름 한낮

  벌 쏘인 듯한 한낮 벌집처럼 진압차 늘어선 길가 슈퍼에서 한 아이가 아이스크림을 들고 나온다 장난감통 속 병정들이 저렇게 큰 벌들이었나 이 여름 어딘가에 마른 목의 원주민이 살고 있어 우물을 지키는 검은 계절 그 긴 야생을 위태롭게 걷던 아이가 넘어졌다 순간 그들의 시선이 벌떼처럼 달라붙자 그곳에 우물이 생겨났다 그들의 열기가 일제히 그곳을 녹였으므로 울음을 터뜨릴 새도 없이 아이는 가라앉았다 아이스크림을 놓친 손이 그 깊이를 짚어버린 것이다 아무도 아이가 사라졌음을 몰랐으나 잠시 후 작은 몸만 벌떡 일어나 엄마를 부르며 뛰어갔다 우물 속에서 아이스크림은 서서히 옷을 벗고 그 위에 한 떼의 벌들이 내려앉는다

민들레

가장 높은 곳에 보푸라기 깃을 단다
오직 사랑은
내 몸을 비워 그대에게 날아가는 일
외로운 정수리에 날개를 단다

먼지도
솜털도 아니게

그것이 아니면 흩어져버리려고
그것이 아니면 부서져버리려고

누군가 나를 참수한다 해도

모가지를 가져가지는 못할 것이다

제4부

헛것을 보았네

조팝나무 그늘로 놀러온 봄
술지게미도 바람도 아직은 설익었는데, 무심한 농로 끝
써레질 다녀간 논에
내려온

하늘, 그
헛것을 보았네

논 안에다 봄빛이 구름을 벗겨놓을 때
발 벗은 농부님, 그 하늘 흐리며 가는데

하늘도 여기에선 깨달아야 한다고

커다란 물거울에 몸 담그는 봄을
허청허청 휘젓고 가는

고된
걸음

화엄사 타종

이 세상 꼴깍 모르고 지나치고 말
여름 풀꽃들을
범종 소리가 불러 세워
산 깊이 하얗게 흩어졌음을
안다, 이 늦은 시간의 길 끝에
화엄이 있어 화엄을
찾는 마음의 그늘맡
환하게 지우고 가는
타종, 섬진강 살 같은 그물이 일고
어머니의 젖꼭지를 떠나온
입술이 씻겨진다.
산사는
산이 품은 그리움.
자궁으로부터 상속받은 하루하루는
얼마나 아름다웠던가,
범종의 둘레에 모이는 세월들이며,
지리산에서
세속 인연 다 끊고 눈머는
참나리꽃으로 앉아
타종의 물결이 만드는 그물에 갇혀

나 또한 한세상
모르고 지나갈 걸음
여기에 머물고 있음을 안다.

섬진강

노을 속으로 날아간 등 굽은 새가
늙은 강물에 밤의 얼굴을 씻는다

저 환하게 분신하는 날갯짓!

복권 한 장 젖는 저녁

마음 밖에 안경을 걸어두고
느린 저녁을 본다

신촌 현대백화점 앞
누에처럼 꿈틀거리는 버스들이
비 먹은 옷깃을 싣고 떠날 때
쓸모를 다한 한
장 복권이 젖는다

어디로 가라는 것인가
빌려 신은 신발처럼 힐깁세 오는
저녁, 잊혀진 기억에서
잊혀질 기억으로

내 몸에 그어지는
은빛 동전 자국!

범람

안개는
늙은 강을 오래 걸어
여기까지 왔다
잠 속에서 나는
달빛이 흐름의 반짝이는 무덤들을 쳐
흰 수의를 꺼내는 것을
보았다 강물이 벗어 보인
쓸쓸한 등허리 지나간 날들의
마른 등뼈를 보았다
그리움으로 안착되지 않는 시간의
물빛 잔등
발자국이 찍어놓고 온 깊이가
허공과 몸 바꾸는,
길이 걷는 길
저를 버린 길의 은밀한
행차를 위해
수의를 입은 집들이
무덤을 지고 흘러가고 있었다
대낮의 볕이 하얗게 태워
눈부신 재를 다시

강물에 뿌릴 때까지
계속되는 잠
속으로

목련꽃 지는 자리

벼랑을 세워둔 마음의 끝
에서 헛디딘 사랑이 떨어져내리는 밤
들숨을 지피는 달이 떴다

제 그늘
스스로 낮추며 지는 꽃잎
표백되어 내리는 허공마다
구멍이 나고

숱한 어둠의 구멍
속으로 실족
하는
달

고요가 빨래처럼 마른다 보이지 않는 것들은
보이지 않는 곳에서 오갔고 잘못 든 바람이
들었던 발을 내린다 발밑에서
풀려나는 어둠들 어둠이
내어준 길에 달빛 스미고 있을 동안 내
몸속 저울이 눈금을 옮기고 지진 없이 비탈지고 밤과

밤 사이로 이어진 꿈의 뒤편에 물 마른 자리처럼 소스라
치게 남아 있는
  시간의 비명들
  어둠을 길들이던 달빛이 어둠이 될 때까지
  내가 깎은 내
  마음의 절벽을 긁어내리는 손
  톱
  자
  국

낯선 얼굴

따신 묏등에 앉아 누런 해에 눈 맞추고 노는데
후드득, 새들이 저녁을 싣고 숲을 빠져나갈 때

낚싯대도 없이 찾아간 물왕저수지
한켠의 미루나무가 그림자를 동쪽 끝까지 눕혀
노을을 물 위에 쓰러뜨릴 때

멀리, 바람이 연기를 모아 먼 산을 찾아갈 때

낮잠 자다 깨니 아무도 없는 집, 일어나기는 싫고
이불을 다리 사이에 끼고 뒹굴다 눈에 비친 창으로
흰 구름 몇 떠서 안을 들여다볼 때

바람에 날린 비닐봉지가 허공에 구멍처럼 박혀 있을 때

찾을 사람 없는 대낮, 누가 벨을 눌러
배달부가 내미는 연체금 독촉 고지서를 받아들고는
서둘러 문 잠그고 돌아설 때

부시시한 머리로 멍하게 앉아 수십 쌍둥이 화장실 타

일들을 보고 있을 때

  누운 방, 하얀 벽으로 햇살이 소리 없이 소나기질 때

  그때, 내려야 할 역을 지나쳐버린 승객처럼
  개찰되지 않는 한 인생이 거기 서성이고 있다
  도무지 내 것 같지 않은 얼굴이 유리마다 비치는 것
이다

삼 년 전

몇 년 전에
물었을 때도 한 삼 년 전이라고 했다
몇 해 후에 다시 물어도
삼 년 전이라는,
언제고 삼 년 전에 할아버지를 여읜
할머니 얼굴에
꼭 삼 년 전의 햇살이 어른거린다

삼 년 전, 그때가 언제던가

삼 년 전에 나는, 달리는 차창에 손금을 찍으며
세상을 통째로 지우고 세상을 통째로 다시 그리지 않았던가

삼 년 전이었다고 할머니는 골마루에 무릎을 세워 파래를 무치고
세월은 파도처럼 겹겹이 쌓이는 듯 허물어지고
등잔의 불빛처럼 저기 아픈 것들 모두 동아리져 있는

삼 년 전에 우리는, 먼 산에 옷을 입혀 메아리를 보내

고 구름의 신발을 신고 편지를 쓰고
 그리고 삼 년 전에

 민박집 할머니는 할아버지를 여의고 모든 사랑은 갈대의 말을 남겼으며
 나는 세상에 너무 많은 일들을 쌓지 않았던가

 그게 꼭 삼 년 전,
 아니던가

울고 있는 여자

봄 오는 놀이터 누운 의자에
한 여자가 우는데

그냥 물린 아침상 흰빛 밥알처럼
묽은 그늘을 입고
갓 지은 소복으로 놓였구나

온몸 상여가 되어 광목필 지전처럼 떨리는데
마음의 장지를 찾아 먼 데 마음이 숨겨둔 길 가는 걸음에

나무는 나무대로 아픔이 많아 저 가지들을 내고
마음은 마음대로 새로이 무수의 길들이 생겨나

간두의 끝을 딛고 선 슬픈 애인이
물에 집니다
얼굴이 남긴 갈래의 길을 따라 시절의 깊이를 파고 파되 끝내는 닿지 못할 죽음의 등으로 물이 찹니다

차되 기어이 넘치지도 못할

바람도 손 놓은 허랑한 한 날 묘지의 공원에 소풍 온 마음
주소 없는 걸음 되어

어디 묵은쌀 눅는 산간에나 들어 잠이나 청하면 연잎처럼 젖은 마음도 탈상의 기억을 돌아 끄덕끄덕 낡은 집 사립 안으로 그러나 봄볕에 늙으며

울고 있는 여자 내 저 여자

첫눈

가을의 그늘로 눈이 내린다

쌓일 수 있는 곳마다
내리는 세월들이 희다

구덩이를 파고 있다

눈 내린다 누군가 구덩이를 파고 있다

아무도 빠져 죽을 수 없는

눈 속인데 손자를 둘러업고
할미는 승강장에 나와 있다

저 나이가 되면 지구의 자전도 느낄 수 있어
연신 기둥을 잡고 어지러운 할미는

높은 항구

창을 열면
바람이 파도처럼 넘어오는,
베란다에 항구를 열어놓고 산다

내가 잠드는 자리 다섯 걸음 너머

쉼 없이 부서지는 파도 끝에 어장처럼
빨래들은 제가 품었던 거품을 놓아 보낸다

오랜 정박의 빈 돛대를 흔드는

항구에는 바람만이 닿는 것은 아니다
낱낱의 눈과 한 가닥 비도 오지만

햇볕을 쬐여주다 잘못 떨어뜨린 화분처럼
산산조각 난 채 떠나는 것들, 남아 있는 것들을 데려가는 무언가도
다섯 걸음 밖에는 있다

자신이 세워둔 항구를, 며칠 전에도 누군가 그렇게 떠

났다고 한다

 그날 나는 베란다에서, 상가 어디선가 한 번은 지나쳤을
 그 사람의 외로운 항해를 오래도록 바라보고 있었다

그 저녁이 지나간다

  바람이 가로수 멱살을 잡고 흔든다 산발의 여자가 남자의 멱살을 흔드는 것처럼 버스로 지나가는 신촌 하늘에 노을이 쇠죽솥처럼 걸려 있다 그을린 집들을 빠져나온 연기가 해꼬리에 선선히 몸을 주는 가을 남자는 노란 윗도리 꼼짝 않고 서 있는데 남자를 치다 쓰러진 늙은 여자여 제풀에 손 놓고 한 세월 울고 있다 우두두두 길 위로 떨어지는 은행알들 터져 또 여식처럼 캄캄한 골목 불빛 뒤로 사라지고 객지에서 속살처럼 불거지고 누구도 사연을 묻지 않는다 노란 잎을 바라보는 눈망울을 버스는 어디론가 실어 나르고 아무도 말리지 않는 이 가을 노을이 싸움처럼 번지는 건너편 차창으로 장의차 한 대 지나간다 그 저녁이 지나간다

실상사에서의 편지

 감기에 종일을 누웠던 일요일 그대에게 가고 싶은 발걸음 돌려 실상사를 찾았습니다 자정의 실상사는 겨울이 먼저 와 나를 기다리고 천 년을 석등으로 선 石工의 살내음 위로 별빛만 속없이 반짝이고 있었습니다 상처도 없이 낙엽은 섬돌에 걸려 넘어지고 석탑의 그림자만 희미하게 얼어가는 이 거역 없는 佛心의 뜰 안에 서서 〈여기 鐵佛로 支脈을 잡아 새나가는 國運을 막으리라〉 정녕 그대를 사랑한 것은 내 생을 아름답게 만들기 위함이 아니었습니다 은빛 시린 서리처럼 오랜 세월 말없이 견디는 계절의 눈빛마다 속 졸이며 현상되는 기억을 대웅전 연꽃무늬 문살에 새기다가 사람의 가슴에도 깊이가 있다면 그대보다 멀리 있는 그대의 그리움 또한 아득히 잠기겠지요 실상사 긴 담장을 품고 산허리 꽃 피고 눈 내릴 때마다 더러는 못 참아 술값도 치러가며 떠나온 그 자리 여기 실상사 언제는 그립지 않은 시간이 있었냐며 풍경 소리는 바람의 몸을 더듬고 있었습니다

노을 만 평

누가 잡아만 준다면
내 숨 통째 담보 잡혀 노을 만 평쯤 사두고 싶다
다른 데는 말고 꼭 저기 폐염전 옆구리에 걸치는
노을 만 평 갖고 싶다

그러고는 친구를 부르리
노을 만 평에 꽉 차서 날을 만한 철새
한 무리 사둔 친구
노을 만 평의 발치에 흔들려줄 갈대밭
한 뙈기 사둔 친구

내 숨에 끝날까지 사슬 끌려도
노을 만 평 사다가
친구들과 옛 애인 창가에 놀러가고 싶네

시간이 나를 지나쳐 간다

한 무리 새가 땅의 어둠을 지고 날아오를 때
하늘은 용암이 되어 흘러가고 있었다

그들이 용암의 붉음 속에 제 몸을 묻어갈 때
용암이 그들의 어둠 속에 제 빛을 잃어갈 때

소래의 저녁은 내 시선을 잠시 잡아놓고 있었는데
내 시선은 소래의 저녁을 잠시 묶어놓고 있었는데

그러나 어느 쪽도 끝내 서로를 결박할 수 없는 것처럼

산 앞에 서면 산 너머에 있는 것을 생각한다
물 앞에 서면 물 깊이에 있는 것을 생각한다

거대한 천상의 바퀴가 남기는 계절의 자국처럼
자국이 깨물고 기어이 놓지 않는 바퀴 소리처럼

해설

응시와 성찰

황광수

1

첫 시집을 내놓는 이 시인의 내면에도 자연에 대한 근원적 욕망은 싱싱하게 살아 있다. 자연은 그의 감각의 결들을 따라 전류처럼 찌릿찌릿 침투하기도 하고 바람처럼 흘러들어 그의 영혼을 사로잡기도 한다. 그러나 그는 이 시대의 삶의 누추를 온몸으로 감지하고 있기에, 그의 의식은 자연의 문턱을 넘어서지 못한 채 낙차(落差)만을 돌올하게 드러내고 만다. 그의 시세계의 심층에는 더 이상 자연에 융화될 수 없다는 자의식 한 자락이 흐르고 있다.

봄이 움트는 모습에 육감적인 정취를 불어넣고 있는 「봄 물가를 잠시」에서, 화자는 자연에 동화될 수 없는 생리적 불편을 표출한다. "개나리 그 노란 숨의 입김이 드세 설사를 할 것 같다"라거나 "방죽을 잘못 디뎌 꺾여진 것을/언제부턴가 내 발목은 저 높이를 넘어서지 못한다"는 구절들은 그러한 자각 증상을 내비치고 있다. 그의 몸은 봄의 숨결에 동화될 수 없고, 그의 발목은 뱀이 헤엄쳐 간 물살의 '높이'와 '너비'를 "넘어서지 못"하는 것이다. 그래서 화자는 자신을 '고여 있는' 존재로 의식하면서, "노란 꽃덤불 속에서 일제히 쏟아져나온 눈망울들"이 그러한 자신을 바라본다는 자각에 덜미를 잡히고 만다. 이제 '나'는 더 이상 바라보는 자리에 있지 않다. 화자의 불편한 심정은 자신이 오히려 자연의 시선에 노출되어 있다는 자의식에서 오는 자괴감 또는 부끄러움이다.

이 시는 시인 자신의 자연에 대한 태도를 오롯이 드러내고 있다. 그러나 자연에 대한 조건 없는 응시는 농부의 몫이 아니다. 농부는 자연에 맞닿아 있지만, 그 업(業)의 본질은 자연에 대한 공격성이다. 농부의 자리는 자연을 착취하며 살아가는 인간의 최전선에 있다. 그러기에 자연에 대한 농부의 심정은 불편함보다는 오히려 불화에 가깝다. 농부의 등 뒤에는 서정적 욕망을 짓밟아버리게 하는 생존의 문제와 사회적 요청이 도사리고 있는 것이다.

조팝나무 그늘로 놀러온 봄
숱지게미도 바람도 아직은 설익었는데, 무심한 농로 끝
써래질 다녀간 논에
내려온

하늘, 그
헛것을 보았네

논 안에다 봄빛이 구름을 벗겨놓을 때
발 벗은 농부님, 그 하늘 흐리며 가는데

하늘도 여기에선 깨달아야 한다고

커다란 물거울에 몸 담그는 봄을
허청허청 휘젓고 가는

고된
걸음   ——「헛것을 보았네」 전문

  논물의 거울, 자연과 인간 사이의 그 아슬한 경계 속에 한 사람의 농부가 있다. 그런데 그는 거기에서 "하늘, 그/헛것을 보았"다고 말한다. '헛것'은 물론 우리의 관념 속에 똬리를 틀고 있는 하늘이다. 농부는 그것을 흐리고 가면서도 자신의 발이 행하는 서경(敍景)의 파괴를 의식하고 있기에, "하늘도 여기에선 깨달아야 한다"고 항변한다. 그런데 하늘은 도대체 무엇을 깨달아야 한단 말인가? 농민의 현실을? 아마 그럴 것이다. 시인은 농부의 "고된/걸음"의 의미를 알고 있기에, 그에게 하늘의 그림자를 무늬 밟으며 걸을 수 있는 권리를 인정하고 있는 셈이다. 이 지점에서 하늘과 농부 사이에 의미론적 자리 바꿈이 이루어진다. 하늘의 자리에 농부가 들어서는 것이다. 논은, 그 고통으로 하늘까지 깨우칠 수 있는 농부의 무대이다.

  신용목의 시적 풍경들에는 삶의 맥락과 그 의미에 도달

하려는 성찰이 깃들어 있다. 이러한 성찰은 자연과 삶의 현상들에 대한 응시에서 잉태된다. 이러한 응시는 시각적 대상(풍경)과 그것을 바라보는 주체(시인) 사이에 존재했을 최초의 관계를 해체하고 그 대상들을 재배열하고 싶은 욕망을 불러일으키고, 이러한 욕망이 다시 성찰을 이끌어 들이는 것이다. 이렇게 재구성된 풍경은 관념 속의 자연(성)과 물질(성) 너머로 새로운 길들을 열어 보인다. 여기에서 뱀이 헤엄쳐가며 일으킨 '물살'이나 논물에 비친 '하늘'은 인간이 넘을 수 없는 자연의 문턱이나 관념적 허상으로 우리의 의식에 되비치게 된다. 이 지점이 다양한 의미들이 깨어나는 자리이다. 의미를 빚어내는 이러한 성찰의 순환적 완결성은 신용목의 화자들로 하여금 어떤 결단의 자리에 서 있게 할 때가 많다. 「갈대 등본」의 화자도 마지막 연에서 삶의 시간과 관계의 좌표 위에서 행위 의지의 주체로 거듭나고 있다.

　　무너진 그늘이 건너가는 염부 너머 바람이 부리는 노복들이 있다
　　언젠가는 소금이 雪山처럼 일어서던 들

　　누추를 입고 저무는 갈대가 있다

　　어느 가을 빈 둑을 걷다 나는 그들이 통증처럼 뱉어내는 새떼를 보았다 먼 허공에 부러진 촉 끝처럼 박혀 있었다

　　휘어진 몸에다 화살을 걸고 싶은 날은 갔다 모든 謀議가 한

잎 석양빛을 거느렸으니

　　바람에도 지층이 있다면 그들의 화석에는 저녁만이 남을 것이다

　　내 각오는 세월의 추를 끄는 흔들림이 아니었다 초승의 낮달이 그리는 흉터처럼
　　바람의 목청으로 울다 허리 꺾인 家長

　　아버지의 뼈 속에는 바람이 있다 나는 그 바람을 다 걸어야 한다　　　　　　　　　　　　——「갈대 등본」 전문

　'무너진 그늘' 즉 어두운 기억들을 거느린 화자는 '바람'이 지배하는 갈대의 들판을 횡단하고 있다. 그가 걸어가는 '노복들'은 한때 "소금이 雪山처럼 일어"섰던 폐염전이다. 소금기를 머금은 탓인지 갈대의 저무는 모습은 '누추'하다.
　이 들판의 지배자는 바람이다. '바람'은 존재에 내재해 있는 운동성을 환기시킨다. 그래서 '바람'은 일상의 정체(停滯)를 깨뜨리는 표표한 느낌으로 다가온다. 그러나 이 시에서 '바람'은 '누추'의 내력까지 함축하는 삶의 세월과 그 아픔을 표상한다. 그리고 조갈 든 갈대의 모습은 그 자체로 훼손된 삶을 떠올려준다. 그래서 갈대의 들판은 하나의 가계(家系), 또는 누추한 삶 속에 내던져진 사람들과 자연스럽게 겹쳐진다. 화자는 누추의 내력과 훼손된 존재가 교차되는 지점에서 그 모두를 함축한다. '부러진 촉 끝'의

예각성은 화자의 젊은 시절 즉 "휘어진 몸에다 화살을 걸고 싶은 날"들에 있었던 '謀議'의 꺾임을 날카롭게 시각화한다. 이러한 기억이 화자로 하여금 하늘로 솟구쳐오르는 새떼들조차 갈대들이 뱉어내는 '통증'처럼 보이게 한다. '부러진 촉 끝'과 '초승의 낮달이 그리는 흉터'는 화자의 좌절과 아버지의 '허리 꺾임'의 이미지들이지만, '낮달'에는 아버지에 대한 화자의 회한까지 서려 있다. 자신의 좌절이 아버지의 '허리 꺾임'을 초래했다는 자의식 때문이다. 그래서 그는 아버지의 뼈 속에 든 "바람을 다 걸어야 한다"는 결단에 이를 수밖에 없다.

신용목의 시들에 보이는 상처의 이미지들 중에는 '초승의 낮달'처럼 그다지 낯설지 않은 것들도 있지만, 「산수유 꽃」에 나오는 '물집'은 이 시인의 새로운 발견물로 보인다. 이 시의 첫 연에서 '물집'은 '몸에 가둔 시간'으로 규정된다. '물집' 안에는 아픈 기억의 시간이 흐름을 멈춘 채 갇혀 있다는 판단 때문이리라. 그런가 하면, '물집'은 그 부풀어 오른 형상 때문에 작은 접촉으로도 동승을 유밀틸 깃 같은 느낌을 불러일으킨다. 이러한 '물집'이 산수유 꽃망울의 밝은 빛깔로 전화되면서 그 아픔이 머리끝까지 번지는 듯한 예감을 몰고 온다. 이러한 환기력은 정년을 맞은 노인의 감각이 빚어낸 것으로는 너무도 투명하고 강렬하다. 그런데도, 그렇기 때문에 오히려 "노비의 뜰에나 심었을" 것으로 치부되는 산수유나무는, 옛날 같으면 '노비' 나 하였을 일을 하며 살아가는 우리들 자신을 뼈아프게 돌이켜보게 한다.

2

 아버지의 뼈 속에 든 바람이나 정년에 이른 노인의 상처까지 깊숙이 들여다보는 이 젊은 시인의 의식은 노인들의 회상과는 전혀 다른 위상을 지니고 있다. 거기에는 삶을 긴 시간 속에서 사유하려는 적극적인 태도가 깃들어 있기 때문이다. 아버지의 뼈 속에 든 "바람을 다 걸어야 한다"는 자기 결단이나 "천한 만큼 흉터를 늘리며" 살아왔다는 생에 대한 성찰은 바로 이러한 능동적 사유 형식의 산물들이다. 누추의 내력과 상처의 근원에 대한 이러한 탐색은 요즈음 젊은 시인들의 시적 경향에 비추어 보기 드문 예가 될 것이다. 바로 이러한 특성이 이 시인의 심성적 근원에 대한 궁금증을 불러일으킨다. 이 시집에서 뚜렷한 실마리를 찾아낼 수는 없지만, 고향이나 가족과 관련된 시들에서 우리는 그의 심성적 근원을 얼마간 엿볼 수 있다.

 「나무」라는 시에서 화자는 자신의 몸이 "당산의 바람막 앞에 어머니/켜두신 촛불 하나"가 빚어낸 것인지도 '모른다'고 말한다. 이러한 생각은 '불빛의 흔들림이' 그를 "세상에 현상하고 있는지도//모른다"거나 그의 영혼은 "바람과 불꽃이 몸을 섞는 경계, 흔들리는 〔……〕 춤사위"라는 표현으로 변주된다. 화자는 자신의 몸과 영혼이 '불빛의 흔들림'이 빚어낸 것이라고 단언하지는 않지만, 그것을 믿고 싶어하는 마음만큼은 분명히 드러내고 있다. 그리고 '흔들림'에는 객지의 아들을 생각하는 어머니의 불안한 마음을 감지하는 아들의 심성까지 깃들어 있다. 그러기에 화자의 존재는 "어머니 손 모았을 높이에서 포개지는 바람으로 나이테 더 두르며/세상에 둥근 여백 하나, 만드는 나무"와 쉽게 겹쳐진다. 이 시에서도, 화자는 마지막 연에서 그 자신이 일생 동안 바라보아야 할 곳이 어디인지를 확인하는 자리에 서 있다. "가지 난 방향 한 곳이, 일생 동안 내가 바라보아야 할 곳인지도 모른다"고.

  우리는 이 시에서 신용목의 시적 심성의 한 가닥은 발견한 셈이다. 그러나 이 시는 어디까지나 자식을 향한 어머니의 마음에 초점이 맞추어져 있다. 시인 또는 화자가 능동적으로 접근할 때 어머니의 존재는 또 다른 양상을 드러내 보인다. 「옥수수 대궁 속으로」에서 접촉을 통해 확인된 어머니의 몸속에는 빛이 아니라 어둠만 가득하다. 이처럼 '어머니'는 결코 단순한 존재가 아니다. 이 단순하지 않음을 발견하는 순간에 이 시인이 지닌 시적 심성의 적극적 측면이 드러난다. 그러니까 이 시인의 심성은 어머니로부터 흘러든 수동성과 그것을 어머니에게 다시 투사하는 능동성의 결합에서 빚어진 것이라고 말할 수 있을 것이다.

  〔……〕몸 밖으로 쿡쿡 열매를 밀어내고 옥수수 늙은 수염을 몸뻬처럼 펄럭입니다. 그 펄럭임의 대궁 속, 대처를 돌아온 자식이 세월도 바람도 아닌 그 깊은 속을 보고 싶어 까칠한 마디 슬며시 쥐었을 때, 나는 그만 대궁마다 가득한 어둠에 빠져들고 말았습니다. 상을 차린 어머니가 마당까지 나서 때 잊은 막내를 불렀지만, 나는 이미 어머니 캄캄한 몸속에서, 간간이 늙은 음성이 어머니를 빠져나가 햇살에 머리를 받고 스러지는 것을 보았습니다
                                            ——「옥수수 대궁 속으로」부분

"대처를 돌아온 자식이 세월도 바람도 아닌 그 깊은 속을 보고 싶어 까칠한 마디 슬며시 쥐"는 순간, 우리는 일말의 긴장감에 사로잡힌다. 몸으로 확인될 어머니는 상상 속의 어머니와는 너무도 다를 것이라는 예감 때문이다. 그리고 그것은 "대궁마다 가득한 어둠에 빠져들고 말았습니다"라는 대목에서 사실로 확인된다. "몸 밖으로 쿡쿡 열매를 밀어"냈다는 구절이 암시하듯, 자식들을 위해 모든 것을 쏟아낸 어머니의 텅 빈 몸 안에는 어둠만 가득하다. 그러니 '나'는 어머니가 부르는 소리에 대답도 못하고 "어머니 캄캄한 몸속에서, 간간이 늙은 음성이 어머니를 빠져나가 햇살에 머리를 받고 스러지는 것을" 망연히 바라볼 수밖에 없다. 종결어미들이 존대말로 마무리되고 있는, 어머니를 향한 독백들은 그러한 사실을 깨달은 아들의 마음을 절절한 울림 속에 담아내고 있다.

아버지를 바라보는 시인의 마음은 어떠할까? 「겨울 산사」에서 화자는 눈 위에 찍힌 '얕은 발자국'에서 아버지가 살아갈 날이 많이 남아 있지 않다는 것을 헤아린다. 그래서, 절간의 "처마 밑으로 들어가 한 줌 그림자가 되"어버린 아버지를 바라보는 아들의 마음은 아버지가 부재하게 될 시간까지 쓸쓸하게 앞당겨놓는다. 이 시에서 '그림자'는 '어둠'과는 달리 아버지의 가벼워진 몸과 그의 사라짐에 대한 예감과 연관되어 있다. 그런가 하면, 「낫자루 들고 저무는 하늘」에서 '저무는 해'로 비유되는 아버지는 동작 하나하나에서 '어둠'만을 피워내는 존재로 부각된다. 아버지는 주관과 객관이 뒤섞이는 저녁 빛 속에서 땔나무를 하고 있다. 아버지는 '낫을 놀리시'지만, 그 역시 '툭툭 꺾여지는 상처마다' 어둠만 피워내는 나뭇가지와 다를 바가 없다. 이러한 관찰의 연장 속에서 화자는, 노년에 이른 아버지의 생이 "구들을 지고 앓는 밤" 연기가 되어 "자꾸만 산으로 구부러"지는 나무처럼 태어난 곳으로 되돌아가려는 본능에 지배되고 있다는 사실까지 뼈아프게 확인하고 있다.

  신용목의 피 속에는 부모의 몸속에 도사린 어둠까지 들여다보는 웅숭깊은 심성이 깃들어 있다. 그런데, 그가 바라보는 형 세대는 격렬한 광기에 사로잡혀 있다. 「바람 농군」의 앞부분에서 드러나는 형의 모습은 바람처럼 표표하고 야성적이다. "비를 업고 산길을 쏘다"니거나 "상처 입은 짐승의 뒷모습"을 보이는 그는 광기에 들려 있다. 아마도 그는, "사태가 할퀸 서른의 골짜기"가 드러내듯, 이미 세상으로부터 깊은 상처를 입었을 터이다. 그래서 그는 비 오는 날이면 산으로 갔고, "보이지 않는 것을 수확"할 수밖에 없었다. '보이지 않는' 수확은 어쩌면 형 자신도 의식하지 못한, 농부로 사는 일에서 생긴 분노의 해소일 것이다. 그의 광기는 그의 업에 맞닿아 있다. "형은 사실/농부였다"는 마지막 연은 그러한 광기의 근원을 단언적으로 짚어낸다. 화자 역시 서른이 차도록 그 자리에 있게 되면, "인가에 잘못 든 승냥이의 발"을 가진 형처럼 "발금도 피멍을 품고 검어질 것이었다"는 구절이 내비치듯, 그 업은 험난한 것이다.

3

 농부의 자리에 자신을 놓아보는 시인의 심성은 도시 빈민들에 대한 응시에서도 그대로 유지된다. 그것은 그들의 보상받을 수 없는 노동과 삶 속으로 깊숙이 삼투한다. 그의 눈에는 호떡 굽는 여자가 피워 올리는 연기조차 '제향'처럼 보인다(「세상을 뒤집는 여자」). "지하철 공사가 시작되고/버스 노선이 바뀔 즈음" 그 여자는 사라져버리고 아무도 그녀를 기억하지 않는데, 화자는 몸의 기억을 통해 그 여자의 노동과 접속한다. 그래서 '빈 내장의 기억'은 "그녀가 있던 자리에 붙어/풍선껌처럼 늘어"난다. 그녀의 노동이 사람들의 허기진 배를 채워주는 일과 연관된 것이기에, 화자의 눈에는 그녀가 뒤집는 먹을거리가 '손바닥만 한 세상'으로 보였을 것이다. 그런데도, 화자는 그러한 의미 부여조차 부질없는 것임을 간파한다. 그는 결국 그 여자의 노동이 그녀 자신의 삶조차 구원하지 못했다는 기억을 떠올릴 수밖에 없다. 화자가 보았던 그녀, "겨울을 뒤집느라 아침마다 혼자/뒤집히던 그녀"는 늘 "기름방울 속에 누렇게 떠 있었"다. '겨울'로 은유되는 그녀의 삶의 조건은 아무리 보아도 개선의 기미가 보이지 않았던 것이다.
 시인의 눈길은 이처럼 보상받을 수 없는 노동 속에 내던져진 사람들의 고통과 근심을 어루만진다. 「만물수리상이 있는 동네」에서도 그의 시선은, 온갖 잡동사니들과 씨름하며 주름살만 늘려온 노인의 이마에서 떠날 줄을 모른다. 노인은 "찢어진 고막처럼 유리가 깨어져 있"는 만물수리상 주인이다. 목이 베이고 찢긴 햇살과 노인의 주름살의 만남은 훼손되어서는 안 될 존재에 대한 각성을 몰고 온다. 귀가 먼 노인의 이마에는 주름이 실처럼 번져 있다. 하지만 그가 실제로 귀가 먼 것은 아니다. "햇살을 깁기 위해 잠들고 잠들기 위해 귀가 먼 만물수리상 주인"에서 '귀 멀다'는 표현은 찾아오는 사람 없는 무료함이나 세상살이의 근심을 달래기 위해 잠 속으로 도피하는 노인의 심리를 드러내고 있으니까. 노인의 일은 그렇게 잠든 이후에 시작된다. "건너편 건물의 날에 목을 베인 해가/유리창에 걸려 찢어진 채 주인의 얼굴에 비"치고 있는 것을, 화자는 노인이 "이마의 주름을 한 올 한 올 풀어내 찢어진 햇살을 소리 없이 기워내고 있"다고 생각한다. 주름살을 풀어내 찢긴 햇살을 깁는다는 것과 햇살이 노인의 이마에서 주름을 걷어간다는 것은 관계만 바뀌었을 뿐 동일한 함의를 지닌다. 그러니까 찢긴 햇살과 이마의 주름살은 서로 치유의 관계 속에 놓여 있는 셈이다. 훼손된 존재들 사이의 상호 연민! 이 놀라운 발견에 머물지 않고, 시인은 노인이 살고 있는 동네로까지 독자들을 이끌어간다. ─"주인도 팽팽해신 일굴을 하고 골목의 허리에 몸을 감았다//골목 어딘가 다 써버린 주름을 다시 채워줄 그의 집/주름살을 도매하는 집들이 노을 속에서 귀 멀고 있었다."

이처럼 신용목은 관찰의 단일한 효과에 머물지 않고 풍경의 배후까지 줄기차게 탐색한다. 말할 것도 없이, 이러한 태도에는 그만의 사회의식이 깃들어 있다. 그는 「삼진정밀」에서 한 공장의 흥망과 거기에 깃들인 사람들의 관계를 하나의 풍경 속에 종합한다. 공장을 '고래'로 은유하고 있는 이 작품의 앞부분은 일차적으로 생태적 관심을 불러

일으킨다. "수풀의 바다였"던 들판에 들어서서 검은 연기를 뿜어내고 폐수를 흘려보내는 공장의 모습이 그렇다. 그러나 이 공장이 죽임을 당할 수도 있는 '고래'로 그려질 때, 그것은 생명의 죽음에 대한 우리의 본원적 정서를 자극한다. '고래의 입 속으로' 들어가는 사람들은 고래와 생명적으로 연루될 수밖에 없는 것이다. 그래서 고래가 "거짓말처럼 눈을 감"고 나자, 가게의 "진열대에서 캐러멜은 녹아 내렸고/밥집의 연기는 사라졌으며/야윈 사람들은 몸집보다 큰 짐을 이고/해 지는 마을을 느리게 벗어"나는 일이 뒤따르게 된다. 공장의 유해성과 우리의 삶이 떼놓을 수 없는 연관 속에 놓여 있다는 사실이 판명되는 순간 이 시는 생태시의 범주를 넘어선다. '고래'의 죽음과 삶의 파탄은 한 가지 현상의 두 측면인 것이다.

  생태 문제의 이러한 아포리아 때문에, 공장에서 일하며 늙어가는 사람들은 자신의 죽음을 앞당기며 살아갈 수밖에 없다.

    기계 소리가 돌리는 봄날의 공장 뜰
    황갈색 모자에 고개 눌린 노인이

    담배 한 대 물고 나와 낮달을 본다

    자신의 해골을 너무 자주 들여다본 사람

    피워 올리는 족족 담배 연기는
    낮달이 된다

새가 하늘을 가위질하며 간다

　　　　　　　　　　　──「낮달 보는 사람」 전문

'자신의 해골'을 들여다보며 살아갈 수밖에 없는 이 스산한 풍경에서 벗어날 수 있는 노동자는 없다. 그러기에 신용목의 시들은 '바람'과 '낮달'의 이미지들을 끌고 다니면서도 이 낱말들의 정서적 범주를 관통하며 삶에 대한 지극한 헌사로 나아갈 수밖에 없었을 것이다. 고된 노동과 기계의 소음에 매말라버린 노인의 영혼으로 표상되는 이 '낮달'은 이 시인의 시선이 풍경의 경계를 훌쩍 넘어서 있다는 사실을 뚜렷이 증거하고 있다.

4

이 시집을 덮고 나니, 두 그루의 나무가 다시 떠오른다. 노란 꽃망울들이 맺힌 산수유와 시인의 감각적 사유가 빚어낸 불빛의 나무. 신용목의 마음밭에는 이런 나무들이 함께 자라고 있기에 상처에 대한 그의 기억들은 일상의 각질을 깨뜨리는 힘으로 되살아나고, 패배할 수밖에 없는 삶들을 바라보는 그의 눈길은 웅숭깊고 따뜻하다. 그의 시들은 동시대인들과 함께 거친 세상을 건너가려는 열망을 통해 우리의 삶이 어느 지점에서 비롯되어야 하는지를 끊임없이 일깨워주고 있다.